Suite for mixed chorus
commissioned by Rin-yu-kai

混声合唱組曲

太陽と海と季節が

作詩 高野 民雄 Words by Tamio TAKANO　作曲 森山 至貴 Music by Noritaka MORIYAMA

作詩　高野 民雄　　作曲　森山 至貴

混声合唱組曲 太陽と海と季節が

Words by Tamio TAKANO　Music by Noritaka MORIYAMA
commissioned by Rin-yu-kai

■解 説

混声合唱組曲『太陽と海と季節が』は、混声合唱団 鈴優会の委嘱により2014年12月21日に初演された合唱組曲です。「若者向けの平易な合唱組曲」が当初のコンセプトでしたが、作曲にあたって鈴優会の格調高い音楽性を常に念頭に置いていたため、若者だけでなく幅広い世代の歌い手に共感してもらえるような作品を志向するようになり、結果以下の4曲ができあがりました。

Ⅰ. 太陽と海と季節が
柔らかなピアノの前奏からはじまり、暖かな風が世界を目覚めさせていく様子がたっぷりと歌われる。風が人々に到来するクライマックスでは、シンコペーションを織り交ぜたリズムによって心の奥底から湧き上がる爽やかな感情が表現される。

Ⅱ. 海の記憶
ゆったりと流れる3拍子のリズムに乗って、憂いを含んだメロディを合唱が紡いでいく。ピアノによる間奏を挟みさらに増したそのエネルギーは、全てを肯定するA-Durの響きの中に流れ込み、海との和解が高らかに歌われる。

Ⅲ. 林の中を風と歩く
歩くリズムと風の浮遊感を同居させるため、少し遅めの6/8拍子に設定した。音楽は一貫してEs-Durの穏やかな曲調を湛えて進み、伸びやかな旋律によって風との対話が歌われる。

Ⅳ. 一日の終りに
16分音符のシンコペーションを含むポップス調の明るいメロディを用いることで、終わりゆく今日という日を慈しむ歌の中に、明日への確かな希望を呼びこもうと試みた。終結部においてその熱は静かに引き、音楽は温かな夜の眠りへと還っていく。

詩への作曲を快諾いただいた高野民雄さん、初演の労をおとりいただいた名島啓太先生、太田由美子先生、混声合唱団鈴優会のみなさん、企画から出版まで伴走してくださった BRAIN MUSIC の原直史さんに深く感謝いたします。

作曲　森山 至貴（もりやま のりたか）

1982年生まれ。第22回朝日作曲賞受賞。第13・18・20回朝日作曲賞佳作受賞。大学院生時代には東京大学コーロ・ソーノ合唱団の学生ピアニストとして松本望氏の合唱組曲『むすばれるものたち』の初演に携わった。現在、東京大学大学院総合文化研究科国際社会科学専攻助教。
主要作品：『混声合唱とピアノのための　さよなら、ロレンス』（第22回朝日作曲賞受賞作、音楽之友社）、混声合唱曲「蝶　はばたく朝」「水鳥のうた」「桃ひとつ　てのひらに」（教育芸術社）、『女声合唱とピアノのための　おてんきのうた？』(Miela Harmonija)

委嘱：混声合唱団 鈴優会
初演：2014 年 12 月 21 日 浜離宮朝日ホール
　　　混声合唱団 鈴優会 第 24 回 定期演奏会
指揮：名島 啓太
ピアノ：太田 由美子
合唱：混声合唱団 鈴優会

混声合唱組曲
太陽と海と季節が

太陽と海と季節が

作詩　高野民雄
作曲　森山至貴

8
rit.
mf
A ♩= 100
が か ぜ を あ た た め た ー A
mf
A A
が か ぜ を あ た た め た ー A
rit.
A ♩= 100
mf
12
mp
unis.
たい よう と
mp
16
う み と そ し て き せ つ が か ぜ を あ た た め た

20
B
mp
unis.
かぜは うみから ふいて そらを まるく
mf
U まるく ふく
B
24
mf
ふくらませ ふくらませ くもを かるくし
らませー ふくらませー くもを くもを かるくし
mf
28
p
C
たーー
p
p
unis.
たーー
くさときをふい
C
p

32
はなとはのいろ を
ひかりのな か
U
ひかりのな か に
U
ひかりのな か に
U
て
U
U
36
に
め ざ め さ せ た
D
Alt.
くらい つちの ーな か
め ざ め さ せ た
D
40
に とざされた ー きゅう こん のかたくなな ねむり さ
U
きゅう こん のかたくなな ねむり さ
ねむり さ

mf
Sop.
44
さ え A
え と ざ さ れ た か た く な な ね む り さ え A
え
え A か た く な な ね む り さ え A
E
48
f
unis.
mf poco a poco cresc.
あ た た め
た い よ う と う み と そ し て き せ つ が ー か ぜ を あ た た め
f
unis.
mf poco a poco cresc.
あ た た め
た い よ う と う み と そ し て き せ つ が ー か ぜ を あ た た め
E
f
mf poco a poco cresc.
52
た ー A
f
riten.
た A A か ぜ
た A A
f
た A か ぜ
riten.
f

F
♩= 104
56
unis.
は う ー み か ら ー ふ い て ー ひ と び と の か た に か る く ふ れ た ー ひ
unis.
は う ー み か ら ー ふ い て ー ひ と び と の か た に か る く ふ れ た ー ひ
F
♩= 104
60
A
た い に ほ ほ に く ち び る ー に A かぜ
た い に ほ ほ に く ち び る ー に A かぜ
G
64
は た ー し か に つ た え た ー か ひ と び と ー の こ ー こ ろ の ー お く の
は た ー し か に つ た え た ー か ひ と び と ー の こ ー こ ろ の ー お く の
G

68
とーびらへー　ー　たいよう　とうみとー
unis.
かたくなーな　ゆーめのとーびらへー　ー　ー　U____　き
unis.
かたくなーな　ゆーめのとーびらへー　ー　ー　U____　き
72
div.
H
せつからの　おくりものを
div.
せつからの　おくりものを
H
76

80
mf
U
84
rit.
I
♩= 88
mp
unis.
たいようと うみと きせつ からの おく
おく
88
poco rit.
a tempo
p
rit.
りもの を
M

海の記憶

詩　高野民雄
曲　森山至貴

11
A
p
Alt.
あ つ い す な を ふ み し お か ら
A
16
い み ず を あ び た け れ ど も
21
mp
そ れ だ け で わ た し は う み の す べ て を
p
Ten.
M
mp

poco rit.
pìu mosso
♩= 100
ー しっ た わ け で は ー な かっ た ー
M
Ten.
U
B
Sop.
あ お い な み に う か ん で あ お
Alt.
い そ ら を み た
け れ ど も
Bs.

41
mf
それだけでわたしはうみの すべ
すべてを
mf
U
うみの すべて
mf
46
すべてをみたのでは ー なかった ー
mp
てを みたのでは A
ー みたのでは ー なかった ー A
mp
をみたのでは
mp
51
poco rit.
a tempo
mf
ー A
C
ぬれたすなにむねをつけ
mf
mp
A
ぬれたすなにむねをつけ
poco rit.
C
a tempo
mf

56
こ ど う を あ わ せ た
て く り か え す な み の リ ズ ム に こ ど う を あ わ せ た
て U なみのリズム に こ ど う を あ わ せ た
61
が ー A
が い き る も の の ひ び き の す べ て を わ た し は き
が ー ー A わ た し は き
66
D
き と っ た わ け で は な か っ た ー
Alt.
f
た い よ う が は だ を
き と っ た わ け で は な か っ た ー
Bs.
f
た い よ う が は だ を
D
f

71
Sop.
かぜが それをなめした
やきー ー
Ten.
かぜが それをなめした
やきー ー
76
U
みみの
Alt.
U
みみの
しおのか おりを はだに きて
U
81
おくにかいがらの うたを ー
poco rit.
a tempo
unis.
E
しまーった
おくにかいがらの うたを ー
unis.
しまーった
poco rit.
E
a tempo

86
91
rit.
f
そう し
そう
し
f
そう し
そう
し
rit.
mp
f
F a tempo
96
て
て わ た し は う み か ら か え っ た き ょ う も ま た
て
て わ た し は う み か ら か え っ た A
F a tempo

101
とお ざかっ たー あ る ひ にもた
きおくの おき へ A A
あ る ひ にもた
A A
106
しかに
うみから
わ た し は う み か ら うみから
しかに
わ た し は U うみから
rit.
Maestoso ♩= 92
G
111
ー か えーっ た ー ー
A
ちきゅう
unis.
A すいへい せん に しず んだたいよう が ちきゅう
3

116
わたしは
のむこうがわで
のむこうがわでうみをかがやかする
121
うみをうみをおもいだすわたしをみたし
ー U A と
126
ひびかせる ー
A ひびかせるひびかせるー
ひびかせるひびかせるー
おい うみなりをひびかせる ー

poco a poco rit.
131
mf うみのきおく
Sop.
ー すべての ー
mf うみのきおく
Ten.
ー すべての ー
poco a poco rit.
mf
H a tempo
136
を ー
を ー
H a tempo
mp
141
rit.
rit.

林の中を風と歩く

詩　高野民雄
曲　森山至貴

poco rit. pìu mosso ♪= 108
11
このはやくさにそうするように
M
poco rit. pìu mosso ♪= 108
16
A
mf
はやしのなかをかぜとあるくある
Alt.
mp M
M
Ten.
A
20
Sop.
mf
くー
かぜはわたしに
かたをならべ
U
mf
Bs.
mp
M
mf
U

24
はなしかける
mp
B
しずかなこえで はなしかけるー はやしの きぎに
U
U
mp
U
はなしかける
B
mp
cresc.
そうするようにー
28
U
そうする ように そうするように U
cresc.
そうするようにー
mp はやしの きぎに
U
そうするようにー
cresc.
poco rit.
a tempo
mf
ー ー か ぜの ことばはしら ない けれど わ たし には わかーっ
32
C
A
A
A
U
mf
A
A
A
ー U
A
A
A
poco rit.
a tempo
C
mf

36
cresc.
た　そうして　かぜと　はなし　な　が　ら　は　やしはいろど
—　そうして　A　はやしはいろど
—　そうして　A
cresc.
—　そうして　A　はやしはいろど
cresc.
40
f
riten.
D
a tempo
りを　かえるの　だと　ー
りを　かえるの　だ　と　はやし　をすぎて
f
りを　かえるの　だ　と　はやし　をすぎて
riten.
D
a tempo
f
44
わたしたちは　であーった　A　A
わたしたちは　であーった　A　かぜとわたし

48
A
A
ゆ う や け に
A
A
ゆ う や け に ー
は そらいちめん の そらいちめん の ゆ う や け に
52
M
rit.
E meno mosso ♪= 88
M
mp はやしのきぎは しずか なみぶりで わたし
M
rit.
E meno mosso ♪= 88
mp
56
mf
そらいちめんの ゆうやけのなかで わたしとかぜに
mp
U
mf
たちにうなずいていた
U
mf

60
F mp
とどまるかぜ
もえあがる そのひかりの なかで ー ー ー とどまるかぜ
mp
もえあがる そのひかりの なかで ー ー ー M
F
mp
64
rit.
a tempo
と わたし はわかれる
p
と M M M わかれる ー
p
わかれる ー
とどまるかぜ と M M わかれる
rit
a tempo
p
68
rit.
rit.
8va
pp
8vb

一日の終りに

詩　高野民雄
曲　森山至貴

10
をとめーるときー
かぜは　こえのないといを　かすかーないきにーして
M
div.
かすかーないきにーして　わたしの
14
どういうことか
tu tu　tu tu　U　tu tu tu　とおーいとはー　どう いう ことか
tu tu　tu tu　U　tu tu tu
ーみみにー　ふきよーせるー　とおーいとはー　どう いう ことか
B
18
あしたはー　きのうーよりもとお　いの　だろうか　とー　U
U　だろうか　とー
U
U　だろうか　とー　U
B

22
U
U
mp
26
rit.
C pìu mosso ♩= 88
mf
く う き が ー
つ め た い み ず
C pìu mosso ♩= 88
rit.
mf
30
mp
mf
U
そ ら が
と う め い な ー
う み の か げ に ひ
U
そ ら が
と う め い な ー
U
に
か わ り ー
ー
mf
U

34
たされていくーとき
ー
D
ー いくーときU
U
いくーとき
ー
U
よるの くらさはー
D
38
こえの ないといーを
といーを かすかなー なみにしてー わた
U
U
かすかなー なみにして
42
E
unis.
f
しのむねーに うちよせる ー ひろいとーは
unis.
f
U むねーに うちよせる ひろいとーは
E
f

46
でき
どういうことかー こころはー どーこまでひろがる ーことがー でき
でき
どういうことかー こころはー どーこまでひろがる ーことがー でき
accel.
るだろうかと ー A A
50
るだろうかと A A
るだろうかと A A
るだろうかと A A
accel.
♩= 100
molto rit.
riten.
f
a tempo
54
A
F
A
どこーかに すぎーて
f
どこーかに すぎーて
♩= 100
molto rit.
riten.
F
a tempo
f

57
きょう の たかいふちをこえて
い く ー ー きょう の たかいふちをこえて ー
い く ー ー きょう の たかいふちをこえて
60
あふれようとする
A おとのないなが
A おとのないなが
63
ある ー A
れがー ある ー A
unis.
れがー ある ー どこか おもいー をはずー れ

66
どこか　こころを　こえ
A
A
た　とおさへ
A
69
た
ひろがりへ
ラ　ラーラ
ひろがりへ
ラ　ラーラ
72
ff
G
ラ　ー　ラ　ラーラ　ラ　ラ　ラーラ
ラ　ー　ラ　ラーラ　ラ　ラ　ラーラ

75
ラ ラ ラ ラ
ラ ラ— — ラ ラ ラ ラ ラ ラ ラ ラ ラ ラ ラ ラ ラ ラ
ラ ラ— — ラ ラ ラ ラ ラ ラ ラ ラ ラ ラ ラ ラ
78
ラ ラ ラ ラ ラ ラ ラ ラ ラ ラ ラ ラ ラ ラ ラ ラ ラ
ラ ラ ラ ラ ラ ラ
ラ ラ ラ ラ ラ ラ ラ ラ ラ ラ
ラ ラ ラ ラ ラ ラ ラ ラ
81
ラ ラ ラ — —
ラ ラ ラ ラ ラ — A
ラ ラ ラ ラ ラ — A

rit.
mf
84
mf
rit.
mf
H ♩= 72
87
Alt.
mp
みみをすまして
おとのないときのながれをき
3
H ♩= 72
mp
91
Sop.
きめをとじて
ひかりのない
やみのひろさを
みよう
い
p
unis.
めをとじて
ひかりのない
やみのひろさを
みよう
い
p
unis.

95
rit.
a tempo
ちにちがー おわろうと ーするとき
ちにちがー おわろうと ーするとき
rit.
a tempo
p
99
rit.
rit.
8va
pp

林の中を風と歩く

林の中を私は歩く
すると
風が来て肩を並べる
木の葉や草にそうするように

林の中を風と歩く
風は私に肩を並べ
静かな声で話しかける
林の木々にそうするように

風の言葉は知らないけれど
私にはわかった
そうして風と話しながら
林は色どりを変えるのだと

林を過ぎて
私たちは出会った
風と私は
空一面の夕焼けに

林の木々は静かな身振りで
私たちにうなずいていた
空一面の夕焼けの中で
私と風に

燃え上がるその光の中で
とどまる風と
私は別れる

一日の終りに

日が沈む
風が歩みを止める
歩みを止めるとき風は　声のない問いを
かすかな息にして私の耳に吹きよせる
遠いとは　どういうことか
明日は昨日よりも遠いのだろうか　と

空気が冷たい水に変り
空が透明な海の影に浸されて行くとき
夜の暗さは　声のない問いを
かすかな波にして私の胸に打ちよせる
広いとは　どういうことか
心はどこまで広がることができるだろうか　と

どこかに
過ぎて行く今日の高い縁を越えて
溢れようとする音のない流れがある
どこか　思いを外れた遠さへ
どこか　心を越えた広がりへ

耳を澄まして
音のない時の流れを聞き
眼を閉じて
光のない闇の広さを見よう
一日が終ろうとするとき

詩　高野　民雄

出典『木と私たち』（思潮社　刊）

太陽と海と季節が

太陽と海と
そして季節が
風を暖めた

風は海から吹いて
空をまるくふくらませ
雲を軽くした

草と木を吹いて
花と葉の色を
光の中に目覚めさせた

暗い土の中に
閉ざされた
球根のかたくなな眠りさえ

太陽と海と
そして季節が
風を暖めた

風は海から吹いて
人々の肩に軽く触れた
額に頬に唇に

風は確かに伝えたか
人々の心の奥のかたくなな夢の扉へ
太陽と海と季節からの贈りものを

海の記憶

熱い砂を踏み
塩辛い水を浴びた
けれどもそれだけで　私は
海のすべてを知ったわけではなかった

青い波に浮かんで
青い空を見た
けれどもそれだけで　私は
海のすべてを見たのではなかった

濡れた砂に胸をつけて
繰り返す波のリズムに鼓動を合わせたが
生きるものの響きのすべてを　私は
聞きとったわけではなかった

太陽が肌を焼き
風がそれをなめした
潮の香りを肌に着て
耳の奥に貝殻の歌をしまった

そうして私は海から帰った
今日も　また記憶の沖へ遠ざかった
ある日にも
たしかに私は海から帰った

水平線に沈んだ太陽が
地球の向う側で海を輝かす夜
私は海を思い出す
私を満たし　遠い海鳴りを響かせる
すべての海の記憶を

混声合唱組曲　太陽と海と季節が

■作詩　高野 民雄
■作曲　森山 至貴

LOVE THE ORIGINAL
楽譜のコピーはやめましょう

ブレーン株式会社
BRAIN COMPANY LIMITED
楽譜事業部

ADD. 〒733-0035 広島市西区南観音3丁目10-30
3-10-30 Minami-Kannon Nishi-Ku Hiroshima 733-0035 Japan
TEL 082.293.9108　FAX 082.293.9144
http://www.brain-music.com

2015/12/25

CHMS-G002-2